CHOIX DE CHANSONS POPULAIRES

ORNÉ DE GRAVURES COLORIÉES

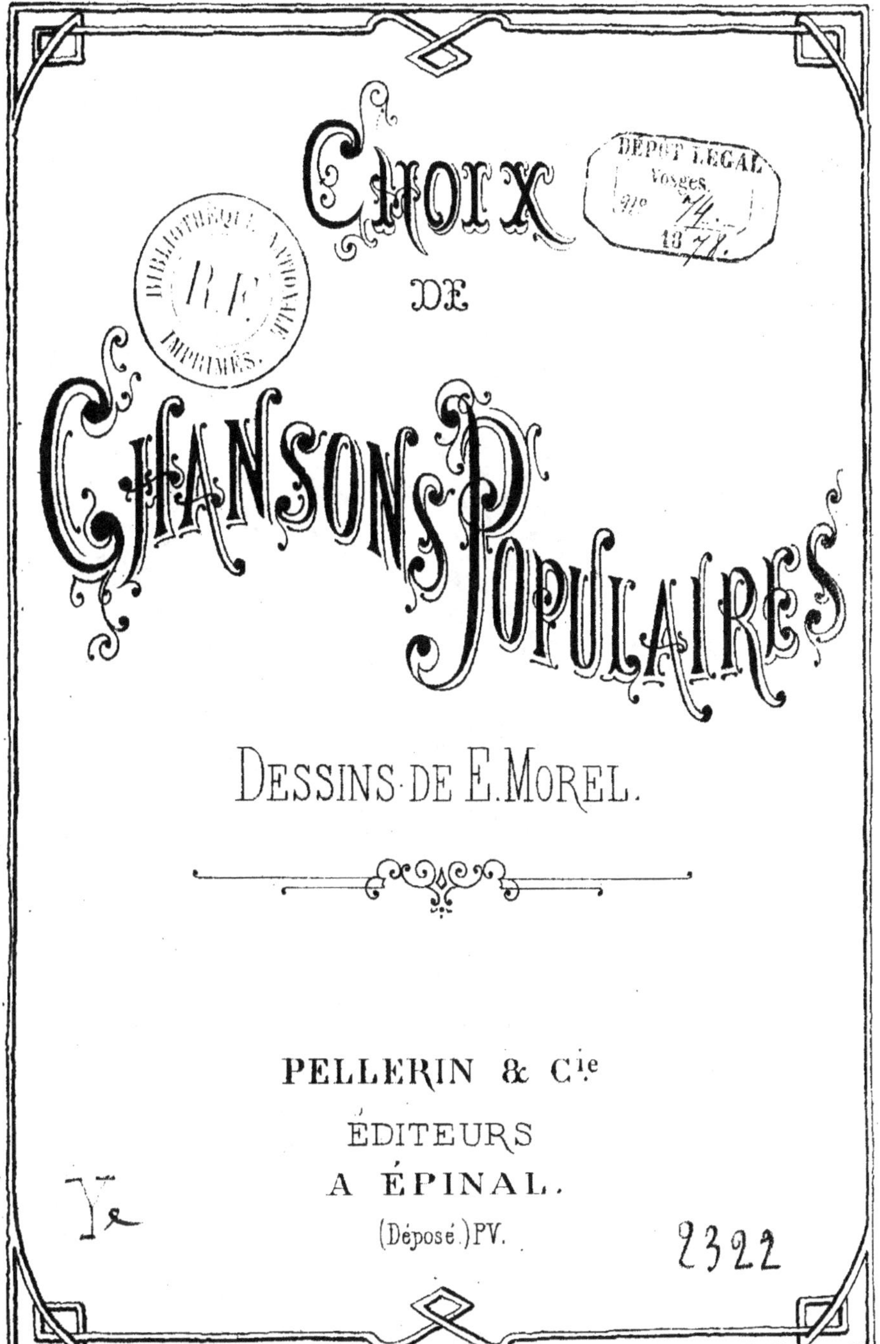

CHOIX DE CHANSONS POPULAIRES

DESSINS DE E. MOREL.

PELLERIN & Cie

ÉDITEURS

A ÉPINAL.

(Déposé.) PV.

MALBOROUGH S'EN VA-T-EN GUERRE.

Malborough s'en va-t-en guerre.

Malborough s'en va-t-en guerre,
Mironton, mironton, mirontaine,
Malborough s'en va-t-en guerre,

Ne sait quand reviendra,
Ne sait quand reviendra,
Ne sait quand reviendra !

Il reviendra à Pâques,
Mironton, mironton, mirontaine
Il reviendra à Pâques,
Ou à la Trinité.

La Trinité se passe,
Mironton, mironton, mirontaine
La Trinité se passe,
Malborough ne revient pas.

Madame à sa tour monte,
Mironton, mironton, mirontaine
Madame à sa tour monte,
Si haut qu'elle peut monter.

Elle voit venir son page,
Mironton, mironton, mirontaine
Elle voit venir son page,
De noir tout habillé.

Beau page, ah! mon beau page,
Mironton, mironton, mirontaine
Beau page, ah! mon beau page,
Quelle nouvelle apportez.

Aux nouvelles que j'apporte,
Mironton, mironton, mirontaine
Aux nouvelles que j'apporte,
Vos beaux yeux vont pleurer.

Quittez vos habits roses,
Mironton, mironton, mirontaine
Quittez vos habits roses,
Et vos satins brochés.

Monsieur Malborough est mort,
Mironton, mironton, mirontaine
Monsieur Malborough est mort,
Est mort et enterré.

J' lai vu porter en terre,
Mironton, mironton, mirontaine
J' lai vu porter en terre,
Par quatre officiers.

L'un portait sa cuirasse,
Mironton, mironton, mirontaine
L'un portait sa cuirasse,
L'autre son bouclier.

L'un portait son grand sabre,
Mironton, mironton, mirontaine
L'un portait son grand sabre,
Et l'autre rien ne porta.

A l'entour de sa tombe,
Mironton, mironton, mirontaine
A l'entour de sa tombe,
Romarins l'on planta.

Sur la plus haute branche,
Mironton, mironton, mirontaine
Sur la plus haute branche,
Le rossignol chanta.

On vit voler son âme,
Mironton, mironton, mirontaine
On vit voler son âme,
Au travers des lauriers.

Chacun mit ventre à terre,
Mironton, mironton, mirontaine
Chacun mit ventre à terre,
Et puis se releva.

Pour chanter les victoires,
Mironton, mironton, mirontaine
Pour chanter les victoires
Que Malborough remporta.

La cérémonie faite,
Mironton, mironton, mirontaine
La cérémonie faite,
Chacun s'en fut coucher.

Les uns avec leurs femmes,
Mironton, mironton, mirontaine
Les uns avec leurs femmes
Et les autres tous seuls.

Ce n'est pas qu'il en manque,
Mironton, mironton, mirontaine
Ce n'est pas qu'il en manque,
Car j'en connais beaucoup.

Des blondes et puis des brunes,
Mironton, mironton, mirontaine
Des blondes et puis des brunes,
Et des châtaines aussi.

J' n'en dis pas davantage,
Mironton, mironton, mirontaine
J' n'en dis pas davantage,
Car en voilà assez.

AU CLAIR DE LA LUNE.

Au clair de la Lune.

Au clair de la Lune,
Mon ami Pierrot,
Prête-moi ta plume
Pour écrire un mot;
Ma chandelle est morte,
Je n'ai plus de feu,
Ouvre-moi ta porte
Pour l'amour de Dieu.

Au clair de la Lune,
Pierrot répondit :
Je n'ai pas de plume,
Je suis dans mon lit;
Va chez la voisine,
Je crois qu'elle y est,
Car dans sa cuisine
On bat le briquet.

Au clair de la Lune
S'en fut Arlequin,
Frapper chez la brune;
Ell' répond soudain :
Qui frapp' de la sorte?
Il dit à son tour :
Ouvrez votre porte
Pour le dieu d'amour.

Au clair de la Lune,
On n'y voit qu'un peu,
On chercha la plume,
On chercha du feu;
En cherchant d' la sorte,
Je n' sais c' qu'on trouva;
Mais j' sais que la porte
Sur eux se ferma.

LA MÈRE MICHEL.

La mère Michel et son Chat.

C'est la mère Michel qui a perdu son chat,
Qui crie par la fenêtre qu'est c' qui lui rendra ;
Et l' compèr' Lustucru qui lui a répondu :
Allez, la mèr' Michel, vot' chat n'est pas perdu.

C'est la mère Michel qui lui a demandé :
Mon chat n'est pas perdu ? vous l'avez donc trouvé ?
Et l' compère Lustucru qui lui a répondu :
Donnez un' récompense il vous sera rendu.

Et la mère Michel lui dit : c'est décidé,
Si vous rendez mon chat vous aurez un baiser.
Le compèr' Lustucru, qui n'en a pas voulu,
Lui dit : pour un baiser votre chat est vendu.

Lors la mère Michel est entrée en fureur,
Et l' poursuivit chez lui, l'appelant vieille horreur,
Vous me l'avez volé ! disait-ell' malôtru !
J'vais m' plaindre au commissaire et vous serez pendu.

CADET ROUSSELLE.

Cadet Rousselle.

Cadet Rousselle a trois maisons,   *(bis.)*
Qui n'ont ni poutres ni chevrons,   *(bis.)*
C'est pour loger les hirondelles ;
Que direz-vous d' Cadet Rousselle ?
    Ah! ah! ah! mais vraiment
    Cadet Rousselle est bon enfant.

Cadet Rousselle a trois habits,
Deux jaunes, l'autre en papier gris ;
Il met celui-là quand il gèle,
Ou quand il pleut et quand il grêle
    Ah! ah! ah! mais vraiment
    Cadet Rousselle est bon enfant.

Cadet Rousselle a trois chapeaux ,
Les deux ronds ne sont pas très-beaux,
Et le troisième est à deux cornes,
De sa tête il a pris la forme.
    Ah! ah! ah! mais vraiment
    Cadet Rousselle est bon enfant.

Cadet Rousselle a trois beaux yeux,
L'un r'garde à Caen, l'autre à Bayeux ;
Comme il n'a pas la vue bien nette,
Le troisième c'est sa lorgnette.
    Ah! ah! ah! mais vraiment
    Cadet Rousselle est bon enfant.

Cadet Rousselle a trois souliers ,
Il en met deux dans ses deux pieds,
Le troisième n'a pas de semelle,
Il s'en sert pour chausser sa belle.
    Ah! ah! ah! mais vraiment
    Cadet Rousselle est bon enfant.

Cadet Rousselle a trois cheveux,
Deux pour les faces, un pour la queue ;
Et quand il va voir sa maîtresse ,
Il les met tous les trois en tresse.
    Ah! ah! ah! mais vraiment
    Cadet Rousselle est bon enfant.

Cadet Rousselle a une épée,
Très longue mais toute rouillée :
On dit qu'ell' ne cherche querelle,
Qu'aux moineaux et aux hirondelles.
    Ah! ah! mais vraiment
    Cadet Rousselle est bon enfant.

Cadet Rousselle a trois gros chiens,
L'un court aux lièvres, l'autre aux lapins
L' troisièm' s'enfuit quand on l'appelle,
Comm' le chien de Jean de Nivelle.
    Ah! ah! ah! mais vraiment
    Cadet Rousselle est bon enfant.

Cadet Rousselle a trois beaux chats,
Qui n'attrapent jamais les rats.,
Le troisièm' n'a pas de prunelles,
Il monte au grenier sans chandelle.
    Ah! ah! ah! mais vraiment
    Cadet Rousselle est bon enfant.

Cadet Rousselle a marié
Ses trois filles dans trois quartiers ;
Les deux premièr' ne sont pas belles.
La troisième n'a pas de cervelle.
    Ah! ah! ah! mais vraiment
    Cadet Rousselle est bon enfant.

Cadet Rousselle a trois deniers,
C'est pour payer ses créanciers ;
Quand il a montré ses ressources,
Il les remet dedans sa bourse.
    Ah! ah! ah! mais vraiment
    Cadet Rousselle est bon enfant.

Cadet Rousselle ne mourra pas,
Car avant de sauter le pas,
On dit qu'il apprend l'orthographe
Pour fair' lui-mêm' son épitaphe.
    Ah! ah! ah! mais vraiment
    Cadet Rousselle est bon enfant.

Le roi Dagobert.

Le bon roi Dagobert
Avait sa culotte à l'envers,
Le grand saint Eloi
Lui dit : O mon roi !
Votre Majesté
Est mal culottée.
C'est vrai, lui dit le roi,
Je vais la remettre à l'endroit.

Le bon roi Dagobert
Fut mettre son bel habit vert;
Le grand saint Eloi
Lui dit : O mon roi !
Votre habit paré
Au coude est percé.
C'est vrai, lui dit le roi
Le tien est bon, prête-le moi.

Le bon roi Dagobert
Faisait peu sa barbe en hiver;
Le grand saint Eloi
Lui dit : O mon roi ?
Il faut du savon
Pour votre menton.
C'est vrai, lui dit le roi,
As-tu deux sous, prête-les moi.

Du bon roi Dagobert
La perruque était de travers;
Le grand saint Eloi
Lui dit : O moi roi !
Que le perruquier
Vous a mal coiffé.
C'est vrai, lui dit le roi,
Je prends ta tignasse pour moi.

Le bon roi Dagobert
Chassait dans la plaine d'Anvers;
Le grand saint Eloi
Lui dit : O mon roi !
Votre Majesté
Est bien essoufflée.
C'est vrai lui dit le roi,
Un lapin courait après moi.

Le bon roi Dagobert
Allait à la chasse au pivert;
Le grand saint Eloi
Lui dit : O mon roi !
La chasse au coucou
Vaudrait mieux pour vous.
Eh bien, lui dit le roi,
Je vais tirer, prends garde à toi.

Le bon roi Dagobert
Avait un grand sabre de fer;
Le grand saint Eloi
Lui dit : O mon roi !
Votre Majesté
Pourrait se blesser.
C'est vrai, lui dit le roi,
Qu'on me donne un sabre de bois.

Les chiens de Dagobert
Etaient de gale tout couverts;
Le grand saint Eloi
Lui dit : O mon roi !
Pour les nettoyer
Faudrait les noyer.
Et bien, lui dit le roi,
Va t-en les noyer avec toi.

Le bon roi Dagobert,
Se battait à tort à travers;
Le grand saint Eloi
Lui dit : O mon roi !
Votre Majesté
Se fera tuer.
C'est vrai, lui dit le roi,
Mets-toi bien vite devant moi.

Le bon roi Dagobert
Voulait s'embarquer sur la mer;
Le grand saint Eloi
Lui dit : O mon roi !
Notre Majesté
Se fera noyer
C'est vrai, lui dit le roi,
On pourra crier le roi boit.

Le bon roi Dagobert
Mangeait en glouton du dessert;
Le grand saint Eloi
Lui dit : O mon roi !
Vous êtes gourmand,
Ne mangez pas tant.
Bah ! bah ! lui dit le roi,
Je ne le suis pas tant que toi.

Quand Dagobert mourut,
Le diable aussitôt accourut;
Le grand saint Eloi
Lui dit : O mon roi !
Satan va passer,
Faut vous confesser.
Hélas ! dit le bon roi,
Ne pourrais-tu mourir pour moi.

LE ROI DAGOBERT.

Il Pleut, il Pleut, Bergère!

Il pleut, il pleut bergère,
Presse tes blancs moutons;
Allons sous ma chaumière,
Bergère, vite, allons.
J'entends sur le feuillage,
L'eau qui tombe à grand bruit;
Voici, voici l'orage,
Voilà l'éclair qui luit.

Entends-tu le tonnerre?
Il roule en approchant;
Prends un abri, bergère,
A ma droite, en marchant.
Je vois notre cabane...
Et, tiens, voici venir
Ma mère et ma sœur Anne,
Qui vont l'étable ouvrir.

Bonsoir, bonsoir, ma mère
Ma sœur Anne, bonsoir;
J'amène ma bergère
Près de vous pour ce soir,
Va te sécher, ma mie,
Auprès de nos tisons;
Sœur, fais lui compagnie;
Entrez, petits moutons.

Soignons bien, ô ma mère!
Son tant joli troupeau;
Donnez plus de litière
A son petit agneau.
C'est fait: allons près d'elle;
Eh bien, donc, te voilà;
En corset, qu'elle est belle!
Ma mère, voyez-là.

Soupons: prends cette chaise
Tu seras près de moi;
Ce flambeau de mélèze
Brûlera devant toi.
Goûte de ce laitage;
Mais tu ne manges pas;
Tu te sens de l'orage,
Il a lassé tes pas.

Eh bien, voilà ta couche,
Dors-y jusques au jour;
Laisse-moi sur ta bouche
Prendre un baiser d'amour.
Ne rougis pas, bergère,
Ma mère et moi, demain,
Nous irons chez ton père
Lui demander ta main.

IL PLEUT BERGÈRE.

La Bergère et son Chat.

Il était un' bergère,
Et ron, ron, ron, petit patapon,
Il était un' bergère
Qui gardait ses moutons,
   Ron, ron,
Qui gardait ses moutons,

Elle fit un fromage,
Et ron, ron, ron, petit patapon,
Elle fit un fromage
Du lait de ses moutons.
   Ron, ron,
Du lait de ses moutons.

Le chat qui la regarde,
Et ron, ron, ron, petit patapon,
Le chat qui la regarde,
D'un petit air fripon,
   Ron, ron,
D'un petit air fripon.

Si tu y mets la patte,
Et ron, ron, ron, petit patapon,
Si tu y mets la patte
Tu auras du bâton,
   Ron, ron,
Tu auras du bâton.

Il n'y mit pas la patte,
Et ron, ron, ron, petit patapon,
Il n'y mit pas la patte
Il y mit le menton,
   Ron, ron,
Il y mit le menton.

La bergère en colère,
Et ron, ron, ron, petit patapon,
La bergère en colère
Tua son p'tit chaton
   Ron, ron,
Tua son p'tit chaton.

Elle fut à confesse,
Et ron, ron, ron, petit patapon,
Elle fut à confesse
Pour obtenir pardon,
   Ron, ron,
Pour obtenir pardon.

Mon père, je m'accuse,
Et ron, ron, ron, petit patapon,
Mon père, je m'accuse
D'avoir tué chaton,
   Ron, ron,
D'avoir tué chaton.

Ma fill' pour pénitence,
Et ron, ron, ron, petit patapon,
Ma fill' pour pénitence
Nous nous embrasserons
   Ron, ron,
Nous nous embrasserons.

La pénitence est douce,
Et ron, ron, ron, petit patapon,
La pénitence est douce
Nous recommencerons,
   Ron, ron,
Nous recommencerons.

LA BERGÈRE ET SON CHAT.

www.ingramcontent.com/pod-product-compliance
Lightning Source LLC
LaVergne TN
LVHW021904180726
843502LV00008B/2870